دبستان - school 2
رێوێتی - reis 5
گوهازتن - transport 8
باژار - stad 10
تەبیەت - landschap 14
خوارنگەه - restaurant 17
بازار - supermarkt 20
ڤەخوارنان - drankjes 22
خوارن - eten 23
جۆتگەه - boerderij 27
خانی - huis 31
ئۆدا روونشتنێ - woonkamer 33
مەتبەخ - keuken 35
هەمام - badkamer 38
ئۆدەیا ژارۆگ - kinderkamer 42
کنج - kleding 44
ئۆفیس - kantoor 49
ئابۆری - economie 51
پرۆفەسیۆن - beroepen 53
ئامووران - werktuigen 56
ئاموورێن مووزیکێ - muziekinstrumenten 57
باخچا هەیوانان - zoo 59
وەرزش - sporten 62
چالاکیان - activiteiten 63
مالبات - familie 67
بەدەن - lichaam 68
نەخوەشخانە - ziekenhuis 72
ئاجیلییەت - noodgeval 76
ئەرد - aarde 77
ساەت - klok 79
هەفتە - week 80
سال - jaar 81
شێوە - vormen 83
رەنگان - kleuren 84
بەرامبەران tegengestelden 85
هەژماران - cijfers 88
زمانان - Talen 90
کی /چ / چاوا - wie / wat / hoe 91
کوو - waar 92

Impressum
Verlag: BABADADA GmbH, Nedderfeld 112 , 22529 Hamburg
Geschäftsführer / Verlagsleitung: Harald Hof
Druck: Books on Demand GmbH, In de Tarpen 42, 22848 Norderstedt

Imprint
Publisher: BABADADA GmbH, Nedderfeld 112 , 22529 Hamburg, Germany
Managing Director / Publishing direction: Harald Hof
Print: Books on Demand GmbH, In de Tarpen 42, 22848 Norderstedt

1

دبستان

school

klaslokaal
پارکرن
delen
186/2
bord
هەوشا دبستانێ
speelplaats
مامۆستە
leerkracht
کاخەز
papier
schrijven
pen
ماسە
bureau
راستەک
liniaal
پرتووک
boek
خوەندەکار
leerling

چەوال
....
schooltas

قووتی نڤیستۆک
....
pennenzak

قەلەمرساس
....
potlood

نڤیستۆک تووژکر
....
puntenslijper

ژێبر
....
gom

نڤیسکا نیگارێ
....
tekenblok

2

دبستان - school

نیگار
....
tekening

فرچەیا رەنگێ
....
verfborstel

قووتی رەنگ
....
verfdoos

مەقەس
....
schaar

لمزاق
....
lijm

پرتووکا فێربوون
....
werkboek

وەزیفا مالێ
....
huiswerk

هەژمار
....
nummer

زێدەکرن
....
optellen

دەرخستن
....
aftrekken

زێدەکرن
....
vermenigvuldigen

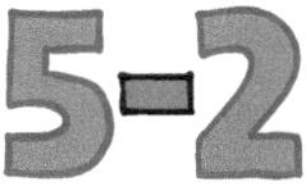

هەسباندن
....
rekenen

A

تیپ
....
letter

ABCDEFG
HIJKLMN
OPQRSTU
VWXYZ

ئالفابە
....
alfabet

hello

پەیڤ
....
woord

نڤیسێ
....
tekst

خواندن
....
Lezen

گەچ
....
krijt

دەرس
....
les

قەیدکرن
....
klassenboek

ئیمتیهان
....
examen

شەهادە
....
certificaat

کنجا دبستانێ
....
schooluniform

پەروەردەهی
....
onderwijs

زانستنامە
....
encyclopedie

زانینگە
....
universiteit

میکرۆسکووپ
....
microscoop

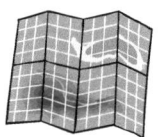

خەریتە
....
kaart

سەپەتا کاخەزێ
....
papiermand

رێوێتی
reis

مێڤانخانه
hotel
مێڤانخانه
jeugdherberg
ئۆفیسا پەرە ڤەگوهارتنێ
wisselkantoor
koffer
ماشین
auto

زمان

Taal

بەلێ / نا

ja / nee

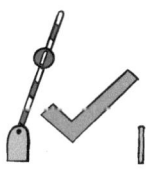

باش

oké

سلاڤ

hallo

وەرگێرا نڤیسکی

vertaler

سپاس

bedankt

بهایێ ... چ قاسە؟

Hoeveel kost ...?

ئەز فام ناکم

Ik begrijp het niet

ئاریشە

probleem

ئێڤارباش!

Goedenavond!

سپێدێ باش!

Goedemorgen!

شەڤ باش!

Goedenavond!

خاترێ تە

Tot ziens

ئالی

richting

هوورموور

bagage

چەنتە

zak

چەنتە پشت

rugzak

مێڤان

gast

ئۆدە

kamer

جامە خەو

slaapzak

چادر

tent

ئاگاگیوێن گەڕۆکان
....
toeristeninformatie

رەخێ ئاڤێ
....
strand

کارتێ قەرزێ
....
kredietkaart

تاشتێ
....
ontbijt

فراڤین
....
lunch

شیڤ
....
avondeten

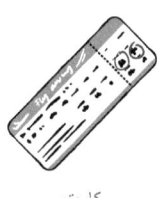

کارت
....
ticket

ئاسانسۆر
....
lift

پوول
....
postzegel

تخووب
....
grens

گومرک
....
douane

باليۆزخانە
....
ambassade

ڤیزا
....
visum

پاساپۆرت
....
paspoort

گوهازتن

transport

vliegtuig
گەمی
schip
brandweerwagen
ئۆتۆبووس
bus
کامیۆن
vrachtwagen
پاپۆڕا ماتۆڕی
motorboot
دوچەرخە
fiets
ماشین
auto

پاپۆڕ

veerboot

پاپۆڕ

boot

مۆتۆرسیکلێت

motor

ترمبێلا پۆلیسێ

politiewagen

ترمبێلا پێشبازیێ

racewagen

ئەرەبە کرێکرنێ

huurauto

ماشین پەرڤەکرن

....

carpoolen

کامیۆنا کشاندنێ

....

sleepwagen

کامیۆنا خوەلی

....

vuilniswagen

مۆتۆرسیکلێت

....

motor

مازۆت

....

benzine

ئیستەگەها بەنزینێ

....

benzinestation

تابلۆیا ترافیکێ

....

verkeersbord

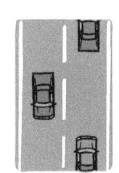

هاتنووچوون

....

verkeer

ترافیک

....

file

جهێ پارکێ

....

parkeerplaats

راوەستەگا ترێنێ

....

station

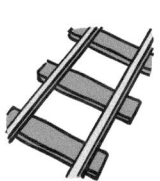

رێچ

....

sporen

ترێن

....

trein

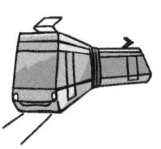

ترێنێ کۆلانێ

....

tram

عەرەبە

....

wagon

بابرۆک

....

helikopter

بالافرگەه

....

luchthaven

برج

....

toren

مسافر

....

passagier

قووتی

....

container

قووتی

....

karton

گرگرۆک

....

kar

سەلک

....

mand

رابوون / نیشتن

....

opstijgen / landen

بازار

stad

گوند

....

dorp

ناڤەندا بازاری

....

stadscentrum

خانی

....

huis

سینەما
bioscoop
ڕێکلام
reclame
straatlantaarn
straat
تاکسی
taxi
دکان
kiosk
voetganger
trottoir
ڕێیا دەربازبوونێ
zebrapad
قووتی
vuilnisbak
ڕێیا دەربازبوونێ
kruispunt
چرایێن ترافیکێ
verkeerslichten

کۆخ

hut

خانی

woning

راوەستەکا ترێنێ

station

تەلارا شارەڤانی

stadshuis

مووزەخانە

museum

دبستان

school

زانینگە

universiteit

بانک

bank

نەخۆشخانە

ziekenhuis

مێڤانخانە

hotel

دەرمانخانە

apotheek

ئۆفیس

kantoor

کتێبفرۆشی

boekwinkel

دکان

winkel

گولفرۆش

bloemenwinkel

بازار

supermarkt

بازار

markt

سوپەرمارکەت

warenhuis

ماسیفرۆش

vishandelaar

ناڤەندا کڕین

winkelcentrum

بەندەر

haven

پارک

park

سەکوو

bank

پر

brug

دەرنجە

trap

ژێر ئەردی

metro

توننەل

tunnel

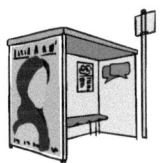

ئیستگەها ئۆتۆبووس

bushalte

بار

bar

خوارنگەه

restaurant

سندووقا پۆستێ

brievenbus

نیشاندەرکا رێیێ

straatnaambord

مەترا پارکینگێ

parkeermeter

باخچا هەیوانان

zoo

هەوزا مەلەڤانی

zwembad

مزگەفت

moskee

جۆتگە

boerderij

لەوتاندنا دەردۆر

milieuverontreiniging

گۆرستان

kerkhof

کەنیسە

kerk

ئەردێ لەیستنێ

speelplaats

پەرستگە

tempel

تەبیەت

landschap

گەلا
blad
نیشاندەرکا رێ
wegwijzer
weg
مێرگ
weide
کەڤر
steen
دار
boom
wandelaar
چەم
rivier
گیا
gras
bloem

دۆڵ

....

vallei

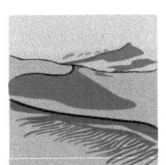

گر

....

heuvel

گۆل

....

meer

دارستان

....

bos

بەیابان

....

woestijn

ڤۆلکان

....

vulkaan

کەلەه

....

kasteel

کەسکەسۆر

....

regenboog

کڤارک

....

paddenstoel

دارقەسپ

....

palmboom

مخمخک

....

mug

مێش

....

vlieg

مێری

....

mier

هنگ

....

bijl

پیرێ

....

spin

کێزک
kever

بەق
kikker

سمۆر
eekhoorn

ژیژۆک
egel

کەرگوە
haas

پەپووک
uil

چۆلەکە
vogel

قوو
zwaan

بەرازێ کۆڤی
wild zwijn

پەزکۆڤی
hert

پەزکۆڤی
eland

بەنداڤ
dam

توور بینا با
windturbine

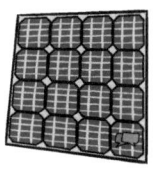

پانەلا خۆرێ
zonnepaneel

ئاڤ و هەوا
klimaat

خوارنگەه

restaurant

بەرکار
ober
menu
کورسی
stoel
شۆربە
soep
پیزا
pizza
چەتڵ و چەمچک
bestek
سفرە
tafelkleed

خوارنا دەستپێک

....

voorgerecht

خوارنا سەرەکی

....

hoofdgerecht

شێرانی

....

nagerecht

ڤەخوارنان

....

drankjes

خوارن

....

eten

جام

....

fles

خوارنا لەز

....

fastfood

خوارنا رێیێ

....

street food

چایدانک

....

theepot

قووتیێ شەکرێ

....

suikerpot

بەش

....

portie

مەکینا چێکرنێ ئەسپرەسسۆ

....

espressomachine

کورسیا بلیند

....

kinderstoel

هەساب

....

rekening

سێنی

....

dienblad

کێر

....

mes

چەتەل

....

vork

کەڤچی

....

lepel

کەڤچیا چای

....

theelepel

پێشگر

....

serviette

قەدەه

....

glas

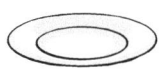

تەیفک

bord

تەیفکا شۆربە

soepbord

پیالە

schoteltje

چێنج

saus

خوێدانک

zoutvatje

قووتی بیبار

pepermolen

سێک

azijn

روون

olie

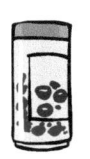

بهارات

kruiden

کەتچاپ

ketchup

موستارد

mosterd

مایۆنێز

mayonaise

بازار

supermarkt

پێشکێشێن تایبەت
aanbieding
FOR
klant
zuivelproducten
fruit
ئەرەبە
winkelwagen

قەسابی

....

slagerij

دکانا نانپێژ

....

bakkerij

وەزن کرن

....

wegen

سەبزە

....

groenten

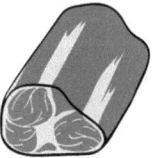

گۆشت

....

vlees

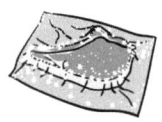

خوارنێ جەمەدی

....

diepvriesvoedsel

گۆشتێ سار

....

charcuterie

خوارنا پیلێ

....

conserven

خوبارێ پاقژکرنێ

....

waspoeder

شرینی

....

snoep

بەرهەمێن ناڤخوەیی

....

huishoudproducten

بەرهەمێن پاقژکرنێ

....

schoonmaakproducten

فرۆشیار

....

verkoopster

خەزنۆک

....

kassa

دراڤگر

....

kassier

لیستا کڕینێ

....

boodschappenlijstje

دەمێن ڤەکرى

....

openingstijden

جزدان

....

portefeuille

کارتێ قەرزێ

....

kredietkaart

چەوال

....

tas

چەنتە

....

plastieken zakje

ڤەخوارنان

drankjes

ئاڤ

....

water

شەربەت

....

sap

شیر

....

melk

کۆمر

....

cola

شەراب

....

wijn

بیرا

....

bier

ئالکۆل

....

alcohol

کاکوۆ

....

cacao

چای

....

thee

قەهوە

....

koffie

ئەسپرەسۆ

....

espresso

کاپۆچینۆ

....

cappuccino

خوارن
eten

مۆز

....

banaan

سێف

....

appel

پرتەقالی

....

sinaasappel

گوندۆر

....

meloen

لیمۆن

....

citroen

گێزەر

....

wortel

سیر

....

knoflook

قامر

....

bamboe

پیڤاز

....

ajuin

قارچک

....

champignon

گەویز

....

noten

شهیره

....

noodles

سپاگێتتی

spaghetti

برنج

rijst

سەلەتە

salade

چیپس

frieten

پەتەتەیا براشتی

gebakken aardappelen

پیزا

pizza

هامبورگەر

hamburger

نانۆک

sandwich

گۆشتێ ستوویێ بەرخی

kalfslapje

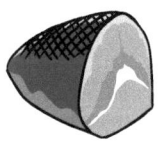

گۆشتێ هشککری

ham

سالامێ

salami

سۆسیس

worst

مریشک

kip

بژارتن

braden

ماسی

vis

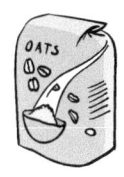

شۆربە بلوول

havervlokken

مووسلی

muesli

کەرتێن گلگلان

cornflakes

ئارد

bloem

جرۆسسانت

croissant

سەموون

pistolet

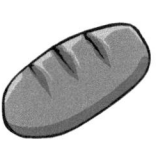

نان

brood

تۆست

toast

نانک

koekjes

نڤیشک

boter

ماست

kwark

کولیچە

taart

هێک

ei

هێکا قەلاندی

spiegelei

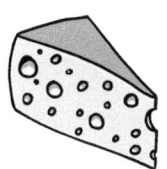

پەنیر

kaas

دۆندرمە

ijs

شەکر

suiker

هنگڤ

honing

مرەبا

confituur

خامەیا نۆوگات

choco

کوڕی

curry

جۆتگەه
boerderij

کادین
schuur
تەپکا پووشێ
strobaal
زەڤی
veld
paard
کاروان
aanhangwagen
جانی
veulen
تراکتۆر
tractor
کەر
ezel
بەران
schaap
بەرخ
lam

بزن
....
geit

چێلەک
....
koe

گۆلک
....
kalf

بەراز
....
varken

خنزیرک
....
biggetje

بۆخە
....
stier

قاز

gans

مراڤی

eend

جووچک

kuiken

مریشک

kip

کەلەشێر

haan

جرج

rat

کتک

kat

مشک

muis

گا

os

کووچک

hond

خانیا کووچکێ

hondenhok

خانی باخێ

tuinslang

قووتیکا ئاڤدانێ

gieter

شالووک

zeis

گاسن

ploeg

داس

sikkel

مەربێڕ

schoffel

دارساپک

hooivork

بڤر

bijl

دەستگەرە

kruiwagen

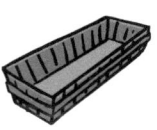

قووتی خوارنا جانداران

trog

قووتی شیر

melkkan

توور

zak

چەپەر

hek

ئاخور

stal

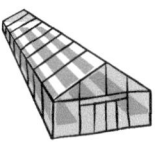

خانا کولیلکان

broeikas

ئاخ

bodem

دەندک

zaad

پەین

mest

کۆمباین

maaidorser

زاد

....

oogsten

زاد

....

oogst

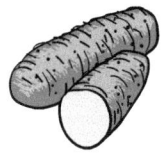

پەتەتە

....

yam

گەنم

....

tarwe

فاسۆلی

....

soja

پەتەتە

....

aardappel

دەخل

....

maïs

دندک

....

koolzaad

داری فێکی

....

fruitboom

سێڤێ بن ئەردی

....

maniok

زاد

....

graan

خانی
huis

کولمک
schoorsteen
بانی
dak
بۆریا ناڤێ
regenpijp
پاجه
raam
گاراژ
garage
زەنگلێ دەری
deurbel
دەری
deur
vuilnisbak
قوتیيا پۆستێ
brievenbus
باخچه
tuin

ئۆدا روونشتنێ
woonkamer

هەمام
badkamer

مەتبەخ
keuken

ئۆدا خەوێ
slaapkamer

ئۆدەیا زارۆک
kinderkamer

ئۆدا شیڤێ
eetkamer

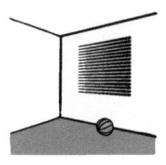

بنی

vloer

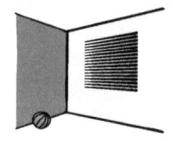

دیوار

muur

بەربان

plafond

خەنزک

kelder

ساونا

sauna

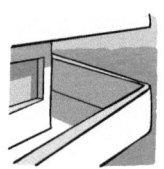

بالکۆن

balkon

بەردانک

terras

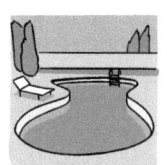

هەوزا مەلەڤانی

zwembad

چیمەن بڕ

grasmaaier

مەلهەفە

dekbedovertrek

بەتانی

dekbed

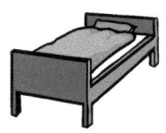

نڤین

bed

گەزک

bezem

ساتل

emmer

کلیل

schakelaar

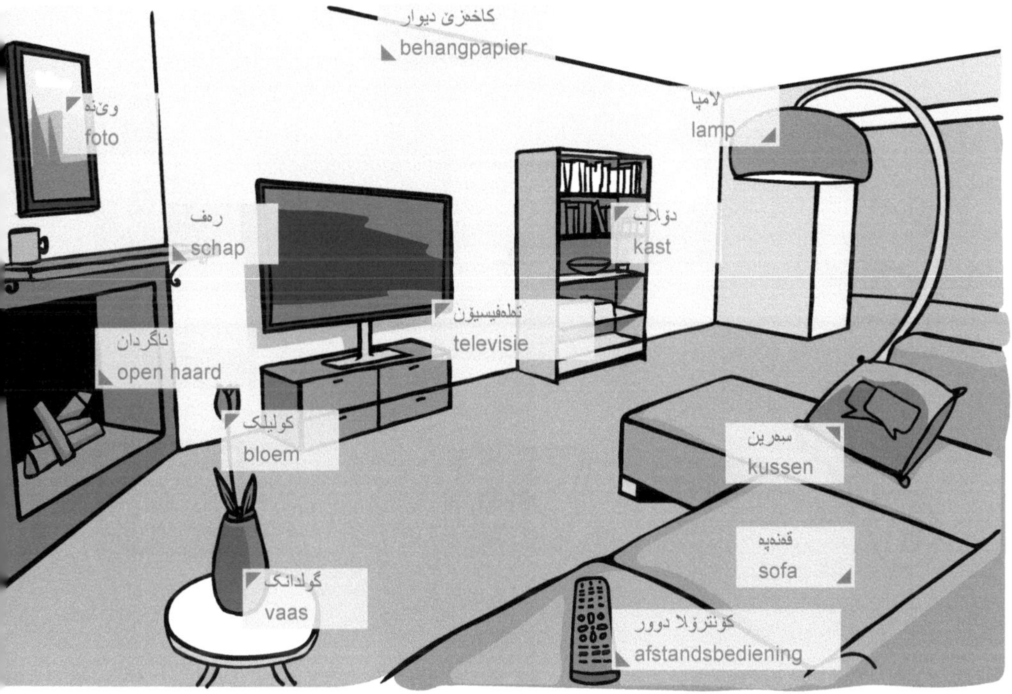

كاخەزئ دیوار
behangpapier

لامپا
lamp

وێنە
foto

رەف
schap

دۆلاب
kast

تەلەفیسیۆن
televisie

ناگردان
open haard

كۆلیلک
bloem

سەرین
kussen

قەنەپە
sofa

گولدانک
vaas

كۆنترۆلا دوور
afstandsbediening

خالیچە
mat

پەردە
gordijn

مێز
tafel

كورسی
stoel

كورسیا هەژانۆک
schommelstoel

كورسی
fauteuil

پرتووک
....
boek

بەتانی
....
deken

خەملاندن
....
decoratie

ئێزنگ
....
brandhout

فیلم
....
film

هـ-ف
....
stereo-installatie

کلیل
....
sleutel

رۆژنامە
....
krant

نیگار
....
schilderij

پۆستەر
....
poster

رادیۆ
....
radio

دەفتەر
....
notitieboekje

سڤنکا ئەلەکتریکی
....
stofzuiger

کاکتووس
....
cactus

مۆم
....
kaars

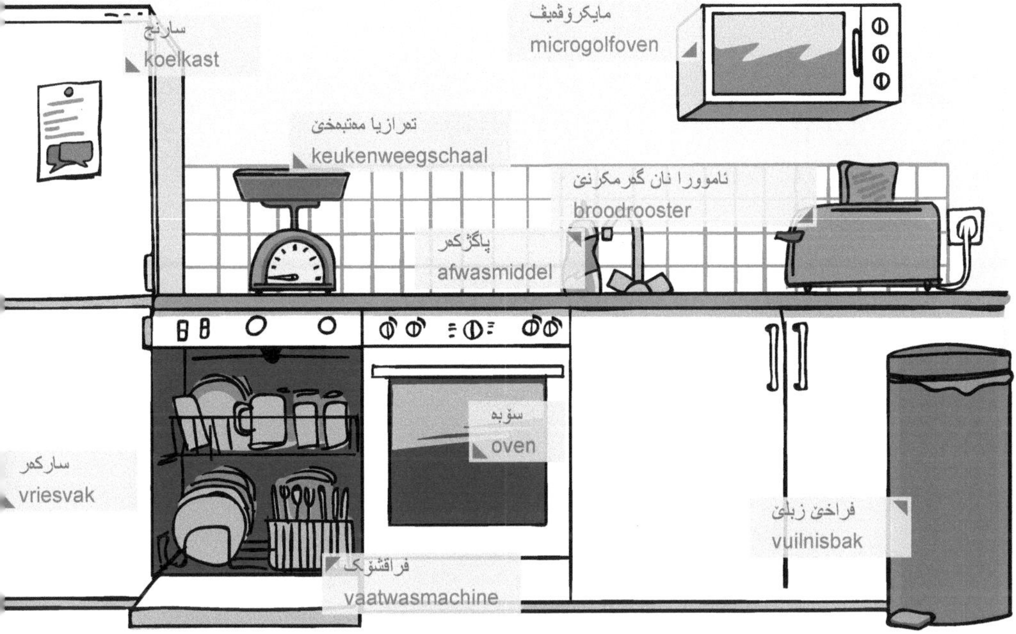

مەتبەخ
keuken

koelkast
مایکرۆڤەیڤ
microgolfoven
تەرازیا مەتبەخێ
keukenweegschaal
ئامووڕا نان گەرمکرنێ
broodrooster
پاگژکەر
afwasmiddel
سۆبە
oven
سارکەر
vriesvak
فراخێ زبلێ
vuilnisbak
فراقشۆک
vaatwasmachine

سۆبە
....
fornuis

ئامان
....
pot

ئامای ئووتوو
....
gietijzeren pot

فراقێ مەزن
....
wok / kadai

دیزک
....
pan

کەلینک
....
waterkoker

مەتبەخ - keuken 35

فراقێ هلمێ

stoomkoker

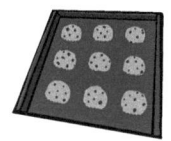

سێنی نانێ

bakplaat

فراق

servies

پیاله

mok

کاسک

kom

دارێ نانخوارن

eetstokjes

هەسک

pollepel

کەفچیا مەزن

spatel

رینەک

garde

کەفگیر

vergiet

بێژنگ

zeef

رێشکەر

rasp

دەستار

mortier

براشتن

barbecue

ئاگرێ ڤالا

haardvuur

تەختەیا بڕینێ

snijplank

دارکێ تیرێ

deegrol

دەڤک بادەک

kurkentrekker

قووتی

blik

قووتیڤەکر

blikopener

جاوێ ئامانان

pannenlap

دەستشۆ

gootsteen

فرچە

borstel

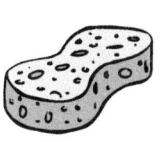

پارازۆا

spons

تەڤدێر

blender

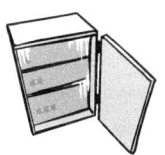

سارکەرێ جەمەدی

vriezer

شووشە بەبکان

papfles

هەنەفی

kraan

هەمام

badkamer

گەرمژانک
verwarming
خاولی
handdoek
دووش
douche
پەردەیا هەمامێ
douchegordijn
کەفێ هەمام
bubbelbad
هەوزا هەمام
badkuip
جلشۆک
wasmachine
glas
هەنەفی
kraan
ئاجوور
tegels
توالەتا زارۆکان
kinderpo
دەستشۆ
gootsteen

توالەت

toilet

توالەتا ئەردێ

hurktoilet

توالەت

bidet

ئاڤدەستخانا مێران

urinoir

کاخەزا توالەت

toiletpapier

فرشەیا توالەت

toiletborstel

38 هەمام - badkamer

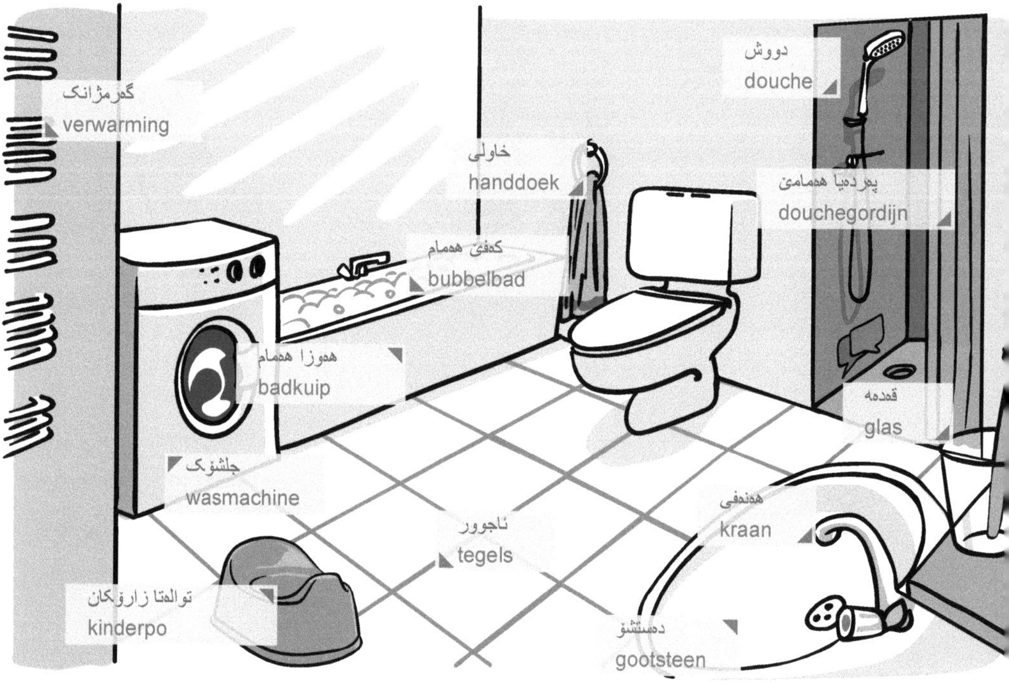

فرچەیا دران
....
tandenborstel

مەجوونا دران
....
tandpasta

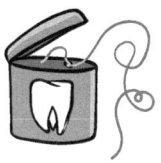

نەخا ددان
....
flosdraad

شووشتن
....
wassen

دووشێ دەستێ
....
handdouche

دووش
....
bidethanddouche

دەستشۆ
....
waskom

فرچا پشت
....
rugborstel

سابوون
....
zeep

جێلێ هەمام
....
douchegel

شامپۆ
....
shampoo

فانیلە
....
washandje

زێراب
....
afvoer

کرێم
....
crème

بێهن خوشکر
....
deodorant

مرێک

spiegel

مرێکا دەستێ

handspiegel

گووزان

scheermes

کەفێ تەراشینێ

scheerschuim

مەجوونا پشتی تەراشینێ

aftershave

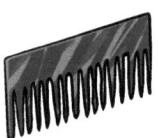

شەه

kam

فرچە

borstel

پۆر هیشککر

haardroger

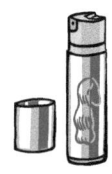

سپرایا پۆرێ

haarlak

کۆزمەتیک

make-up

سۆراڤک

lippenstift

رەنگێ نینۆک

nagellak

پەمبوو

watten

مەقەستا نینۆک

nagelknipper

پارفووم

parfum

چەوالێ هەمامێ

....

toilettas

کورسیا بێپشت

....

kruk

تەرازی

....

weegschaal

کنجا هەمامێ

....

badjas

لەپکا لاستیکێ

....

latex handschoenen

تامپۆن

....

tampon

خاولیا پاقژکرنێ

....

maandverband

توالەتا کیمییەوی

....

chemisch toilet

ئۆدەیا زارۆک

kinderkamer

دەمژمێرک
wekker
لیستۆک
knuffel
ماشینا لیستۆک
speelgoedauto
خشخشۆک
rammelaar
مالا لیستۆک
poppenhuis
خەلات
geschenk

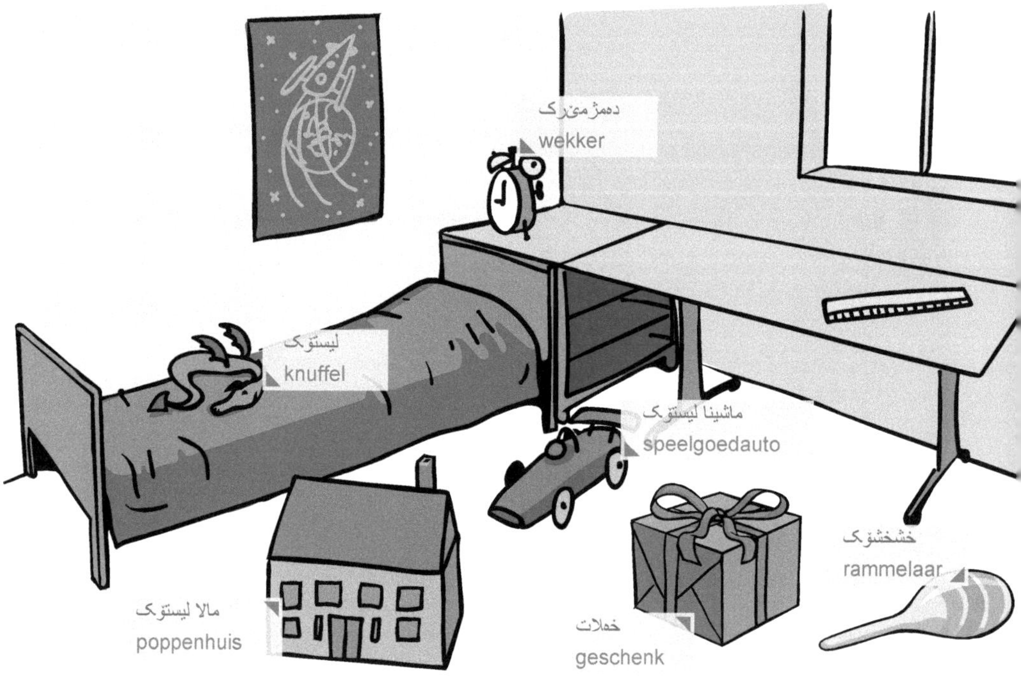

پفدانک

ballon

نڤین

bed

کۆچک

kinderwagen

لیستکا کارتێ

spel kaarten

فریزبی

puzzel

کۆمیک

stripboek

ئاجوورا لێگۆ

....

legoblokjes

ئاجوورا لیستۆک

....

blokken

بووکە شووشە

....

actiefiguur

کنجا بەبکان

....

kruippakje

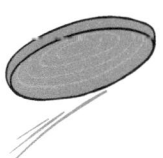

فرزبێ

....

frisbee

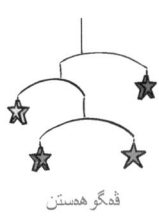

ڤەگوهەستن

....

mobiel

لیستکێن تەختە

....

bordspel

مۆر

....

dobbelsteen

مۆدێلا ترێنێ

....

modelspoorweg

مەمک

....

fopspeen

جەژن

....

feest

کتێبا وێنە

....

prentenboek

تۆپ

....

bal

بووکە شووشە

....

pop

لەییستن

....

spelen

کونا خیزێ
....
zandbak

جۆلانە
....
schommel

لیستۆکان
....
speelgoed

لیستکا ڤیدەۆیی
....
spelconsole

سێچەرخە
....
driewieler

هرچا لیستۆک
....
knuffelbeer

جلدانک
....
kleerkast

کنج
kleding

گۆرە
....
sokken

گۆرە
....
kousen

دەرپێگۆری
....
maillot

شال
sjaal

چتر
paraplu

کراس
T-shirt

قایش
riem

شمکال
laarzen

سۆلکێ ناڤ مالێ
slippers

سۆلک
sneakers

سۆلک
....
sandalen

سۆل
....
schoenen

پۆتینا چەرمئ
....
rubberlaarzen

پانتۆلێ ژێر
....
onderbroek

پێسیربەند
....
beha

چمکبەند
....
onderhemd

جەندەک

lichaam

پانتۆل

broek

ژەانس

jeans

دامان

rok

کراس

blouse

کراس

hemd

فانێلە

trui

فانێلە

capuchontrui

جاکێت

blazer

ساکۆ

jas

چاکەت

jas

بارانی

regenjas

لەباس

kostuum

فیستان

jurk

جلێ داوەتێ

trouwjurk

چاکێت
....
pak

پێجامە
....
nachthemd

پێجامە
....
pyjama

ساری
....
sari

لەچک
....
hoofddoek

مێزەر
....
tulband

هێرام
....
boerka

کافتان
....
kaftan

ئەبا
....
abaya

کنجا ئاژنێکرن
....
badpak

جلکا مەلەڤانی
....
zwembroek

شۆرت
....
short

جلا هێڤۆژکاری
....
trainingspak

پێشمال
....
schort

لەپک
....
handschoenen

دووگمە

knoop

بەرچاڤک

bril

بازن

armband

گەردەنی

ketting

گوستیل

ring

گوهارک

oorbel

دەڤک

pet

هلاڤستەک

kapstok

کووم

hoed

کراوات

das

زیپ

rits

سەرپارێز

helm

دەرزی

bretellen

کنجا دبستانێ

schooluniform

یوونیفۆرم

uniform

بەردلک
slabbetje

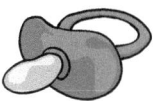

مەمک
fopspeen

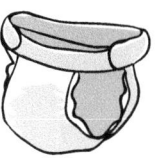

پونداخ
luier

ئۆفیس
kantoor

پێشکەشکەر
server
دۆلابی بەلگە
dossierkast
چاپەر
printer
کاخەز
papier
نیشاندەر
monitor
مشک
muis
ماسە
bureau
دەفتەر
map
کلاڤیە
toestenbord
سەبەتا کاخەزی
papiermand
کۆمپیوتەر
computer
کورسی
stoel

کاسکا قەهوە
koffiemok

هەسابکەر
rekenmachine

ئینتەرنەت
internet

کۆمپوتەرا لاپتۆپ

....

laptop

نامە

....

brief

پەیام

....

bericht

تەلەفۆنا مۆبیل

....

gsm

تۆر

....

netwerk

مەکینا فۆتۆکۆپی

....

kopieerapparaat

سۆفتوارە

....

software

تەلەفۆن

....

telefoon

سۆجکەتا فیشەک

....

stopcontact

مەکینا فاخێ

....

fax

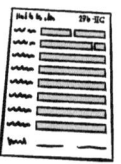

فۆرم

....

formulier

بەلگە

....

document

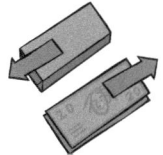

کڕین
kopen

پەرە دان
betalen

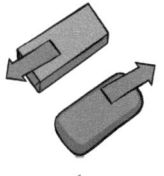

بازرگانی
handelen

پەرە
geld

دۆلار
dollar

یۆرۆ
euro

یەنێ ژاپۆنێ
yen

رۆبلێ رووسی
roebel

فرانکێ سویسێ
Zwitserse frank

یوانێ چینێ
Chinese renminbi

رووپێ هندی
roepie

مەکینا ژخوەبەرا دراڤ
geldautomaat

ئۆفیسا پەرە ڤەگوهارتنێ

....

wisselkantoor

زێڕ

....

goud

زیڤ

....

zilver

نەفت

....

olie

وزە

....

energie

بها

....

prijs

پەیمان

....

contract

تاخ

....

belasting

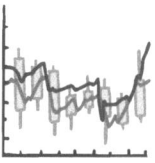

سەهام

....

aandeel

کارکرن

....

werken

کارکەر

....

werknemer

کاردا

....

werkgever

فابریکا

....

fabriek

دکان

....

winkel

پرۆفەسیۆن
beroepen

پۆلیس
politieagent
ئاگرکوژ
brandweerman
kok
بژیشک
dokter
فرۆکەڤان
piloot

باخچەڤان
....
tuinman

نەجار
....
timmerman

دروونڤان
....
naaister

هاکم
....
rechter

شیمیازان
....
chemicus

شانۆگەر
....
acteur

شوفێری باسێ

....

buschauffeur

شوفێرەکی تاکسیێ

....

taxichauffeur

ماسیڤان

....

visser

پاگژکەر

....

schoonmaakster

چێکری بانی

....

dakdekker

بەرکار

....

ober

نێچرڤان

....

jager

رەنگرێس

....

schilder

نانپێژ

....

bakker

کارەباڤان

....

elektricien

ئاڤاکەر

....

bouwvakker

ئەندەزیار

....

ingenieur

قەساب

....

slager

لوولەکار

....

loodgieter

پۆستەڤان

....

postbode

54 پرۆفسیۆن - beroepen

ئەسکەر
....
soldaat

میمار
....
architect

دراڤگر
....
kassier

فرۆتکارا چیچەکان
....
bloemist

پۆرچێکەر
....
kapper

ئاژۆڤان
....
conducteur

مەکانیک
....
mecanicien

کەشتیڤان
....
kapitein

پزیشکا ددانان
....
tandarts

زانستیار
....
wetenschapper

رووهان
....
rabbijn

ئیمام
....
imam

کەشە
....
monnik

کەشیش
....
geestelijke

ئامووران

werktuigen

چەکووچ
hamer
مووچینگ
tang
schroevendraaier
schroefsleutel
دارا چرا
zaklamp

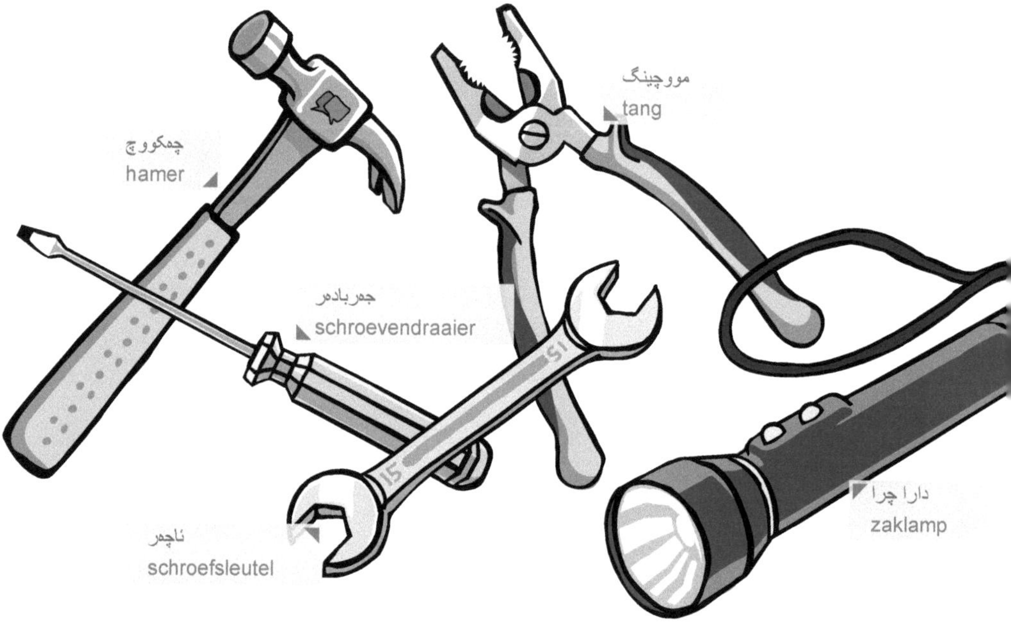

شۆفەل

graafmachine

قووتیا ئامووران

gereedschapskoffer

پەیژە

ladder

مشار

zaag

میخ

spijkers

قولکرن

boormachine

چێکرن

repareren

مەربێر

schop

نالەت!

Verdomme!

بێل

blik

قووتیا ڕەنگێ

verfpot

جەڕ

schroeven

ئاموورێن مووزیکێ

muziekinstrumenten

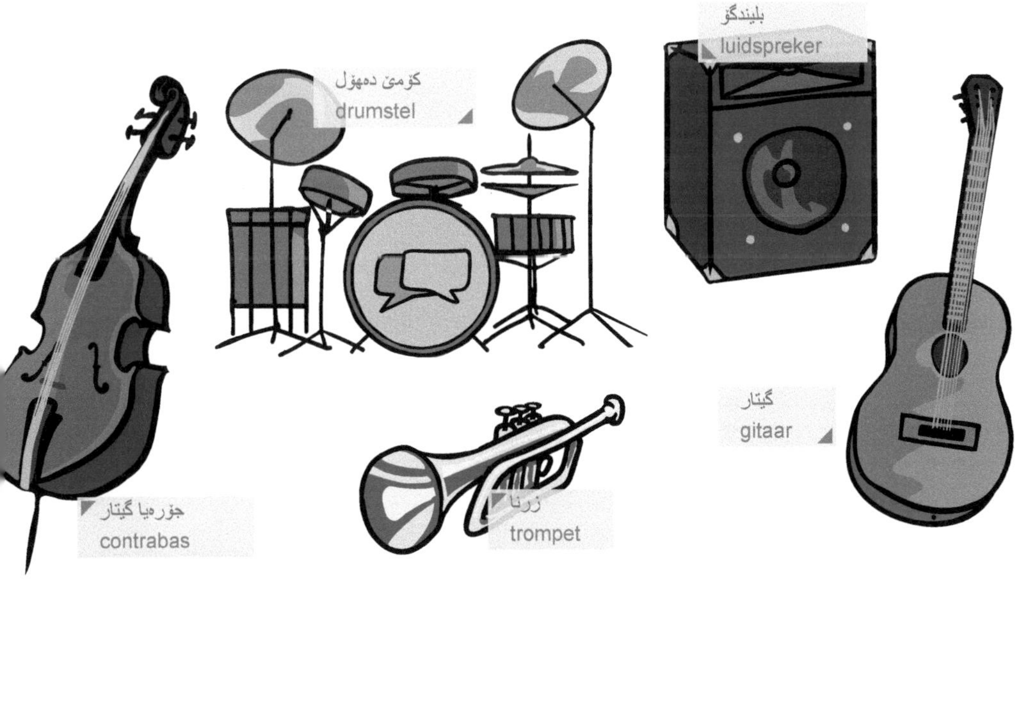

بلیندگو
luidspreker
کۆمێ دەهۆل
drumstel
گیتار
gitaar
جۆرەیا گیتار
contrabas
زرنا
trompet

پیانۆ

....

piano

ڤیۆلین

....

viool

باس

....

basgitaar

دەهۆل

....

pauk

داهۆل

....

trommels

کەیبۆارد

....

keyboard

ساکسۆفۆن

....

saxofoon

بلوور

....

fluit

میکرۆفۆن

....

microfoon

باخچا هەیوانان

zoo

ingang
پلنگ
tijger
قەفەس
kooi
zebra
خوارنا هەیوان
diereneten
پاندا
panda

هەیوان

dieren

فیل

olifant

کانگاروو

kangoeroe

کەرکەدەن

neushoorn

گۆریل

gorilla

هرچ

beer

هێشتر

kameel

هێشترمه

struisvogel

شێر

leeuw

مەیموون

aap

فلامینگۆ

flamingo

پاپاخان

papegaai

هرچا جەمسەری

ijsbeer

پەنگوین

pinguïn

سەماسی

haai

تاووس

pauw

مار

slang

تمساه

krokodil

پارێزەرا باخچا ئاژالان

dierenverzorger

سەیا دەریا

zeehond

پلنگ

jaguar

هەسپ

....

pony

پلنگ

....

luipaard

هەسپیّ رووبار

....

nijlpaard

جانهیّشتر

....

giraffe

هەلۆ

....

adelaar

بەرازیّ کۆڤی

....

wild zwijn

ماسی

....

vis

کووسی

....

zeeschildpad

والراس

....

walrus

رۆڤی

....

vos

خەزال

....

gazelle

وەرزش

sporten

فووتبۆلێ ئامەریکا
rugby
بسکلێتان
wielrennen
تەنیس
tennis
باسکێتبۆل
basketbal
ئاڤژەنیکرن
zwemmen
بۆخنگ
boksen
هۆکەیا سەر جەمەدێ
ijshockey

فووتبۆل

voetbal

بادمنتۆن

badminton

یێ ئاتلەتیزمێ

atletiek

هەندبۆل

handbal

بەفراژۆتن

skiën

پۆلۆ

polo

چالاکیان

activiteiten

کەنین
lachen
هلپەکە
springen
هەمبێز
knuffelen
برێڤەچوون
wandelen
لاوژە گوتن
zingen
خەون دیتن
dromen
نمێژ کرن
bidden
ماچکرن
kussen

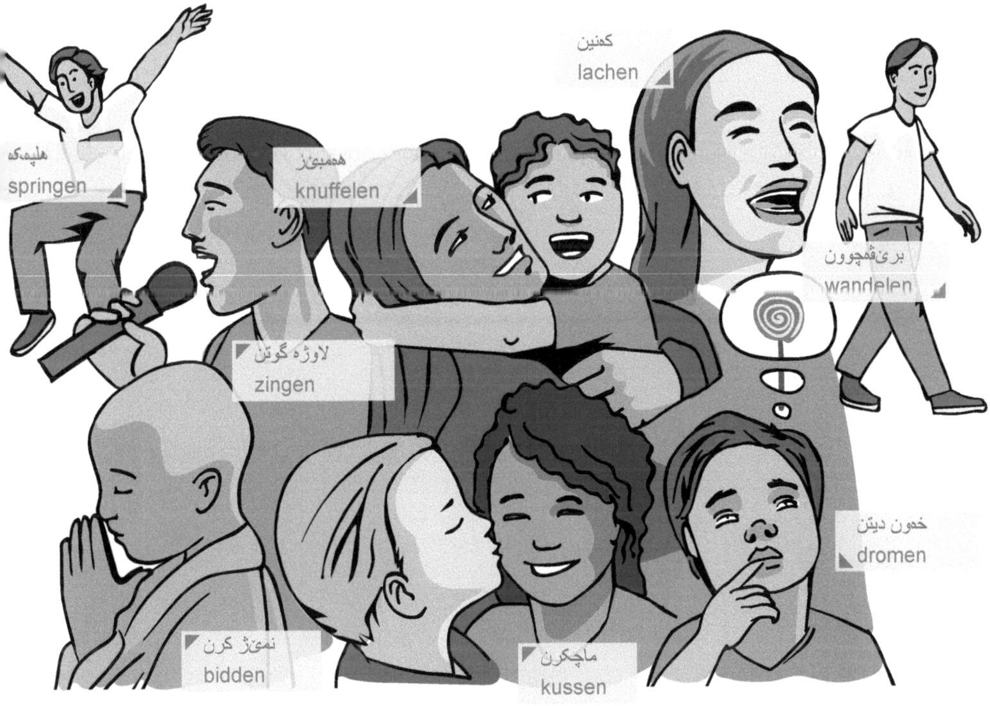

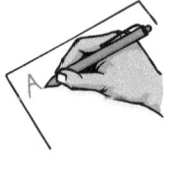

نڤیساندن
....
schrijven

نیگار کێشان
....
tekenen

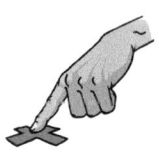

نیشان دان
....
tonen

پالدان
....
duwen

داین
....
geven

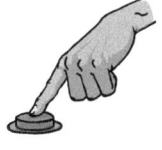

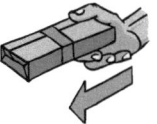

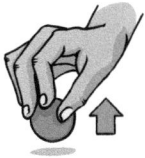

راکرن
....
nemen

هەبین
hebben

کرن
doen

بوون
zijn

سەکنین
staan

بازدان
lopen

کشاندن
trekken

ئاڤێتن
gooien

کەتن
vallen

دەرەو کرن
liggen

سەکنین
wachten

گوهێزتن
dragen

روونشتن
zitten

جل بەرکرن
aankleden

رازان
slapen

رابوون
ontwaken

مێزه کرن

kijken naar

گرین

wenen

جەلتە

aaien

شه کرن

kammen

پەیڤین

praten

فامکرن

begrijpen

پرسکرن

vragen

بهیستن

luisteren

ڤەخوارن

drinken

خوارن

eten

کۆم کرن

opruimen

هەزکرن

houden van

خوارن چێکرن

koken

ئاژۆتن

rijden

فڕین

vliegen

کەشتیڤانی
....
zeilen

هەسباندن
....
rekenen

خواندن
....
Lezen

هینبوون
....
leren

کارکرن
....
werken

زەوجین
....
trouwen

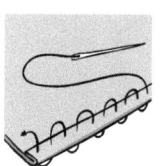

درووتن
....
naaien

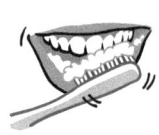

ددان شووتن
....
tandenpoetsen

کوشتن
....
doden

دووخان
....
roken

شاندن
....
sturen

مالبات

familie

داپیر
grootmoeder
باپیر
grootvader
vader
moeder
baby
dochter
کور
zoon

مێڤان

gast

مەت

tante

ئاپ/خال

oom

برا

broer

خوشک

zus

بەدەن

lichaam

voorhoofd
oog
مل
schouder
تلی
vinger
gezicht
kin
دەست
hand
سینگ
borst
لنگ
been
پیل
arm

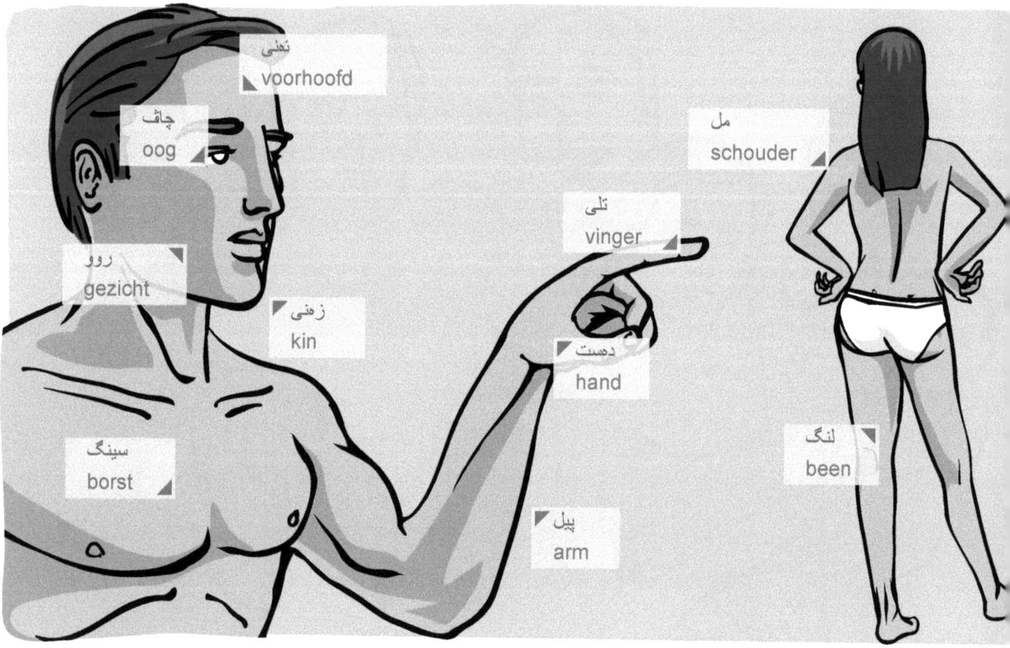

بەبەک

baby

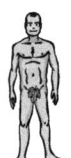

مێر

man

ژن

vrouw

کەچ

meisje

کۆر

jongen

سەر

hoofd

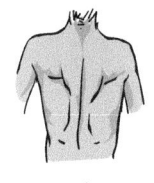

پشت
....
rug

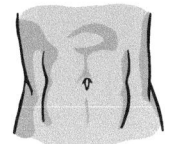

زک
....
buik

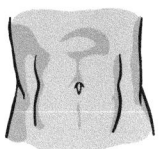

ناڤک
....
navel

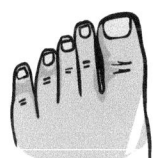

تلبیا پێ
....
teen

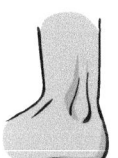

پانی
....
hiel

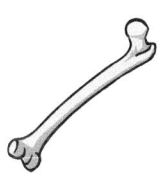

هەستی
....
bot

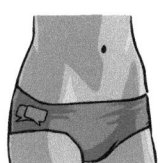

کوولیمەک
....
heup

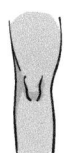

ژوونی
....
knie

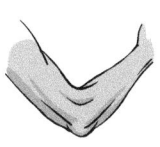

ئەنیشک
....
elleboog

دفن
....
neus

قوون
....
zitvlak

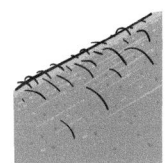

چەرم
....
huid

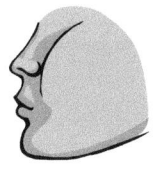

روو
....
wang

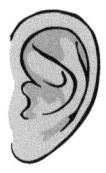

گووه
....
oor

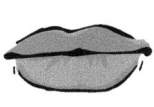

لێڤ
....
lip

دەف
....
mond

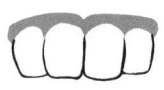

دران
....
tand

زمان
....
tong

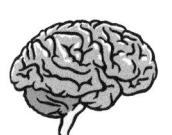

مێژی
....
hersenen

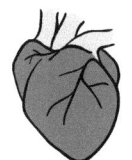

دل
....
hart

ماسوول
....
spier

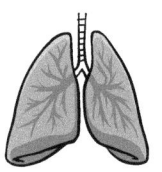

جیگەرا سپی
....
long

جەگەر
....
lever

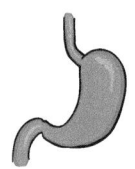

مادە
....
maag

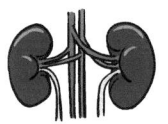

گوورچکان
....
nieren

جۆتبوون
....
seks

کۆندۆم
....
condoom

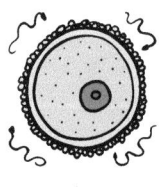

هێک
....
eicel

تۆف
....
sperma

دووجانی
....
zwangerschap

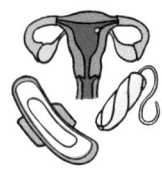

ناده

....

menstruatie

قووز

....

vagina

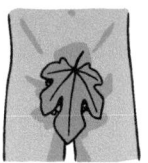

کیر

....

penis

بروو

....

wenkbrauw

پۆر

....

haar

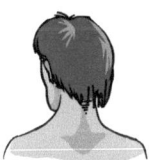

هووستوو

....

nek

نەخۆشخانە

ziekenhuis

ئەرەبا نەخۆشان
ambulance
ئەرەبۆکا کووڵەکان
rolstoel
شکەستە
breuk

بژیشک

dokter

ئۆدا لەزگینێ

spoed

نەخۆشیار

verpleegkundige

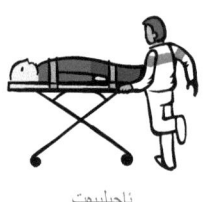

ئاجیلبیەت

noodgeval

بێهای

bewusteloos

ئێش

pijn

برین

verwonding

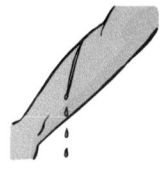

خوینپژان

bloeding

هێرشا دلی

hartaanval

جەلتە

beroerte

ئالەرژی

allergie

کوخک

hoest

تا

koorts

زکام

griep

ناڤچووین

diarree

سەرێش

hoofdpijn

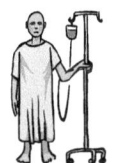

قانسێر

kanker

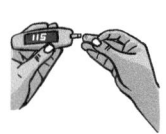

نەخوەشیا شەکرێ

diabetes

ئەمەلیکار

chirurg

سکالپێل

scalpel

ئەمەلی

operatie

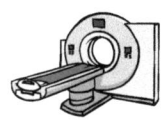

جت

CT

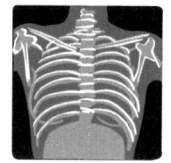

سوورەتێ رۆنتگێن

röntgenstraal

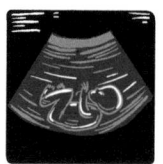

ئوولتراساوند

ultrageluid

ماسکێ روویێ

gezichtsmasker

نەخوەشی

ziekte

ئۆدا سەکنینێ

wachtkamer

گۆچان

kruk

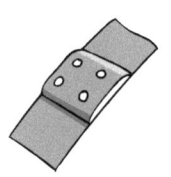

شێل

pleister

پاچێ برینپێچانێ

verband

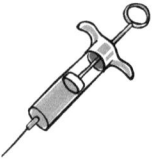

دەرزی

injectie

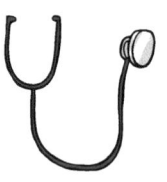

بیستۆکا پزیشکی

stethoscoop

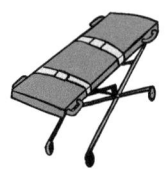

داربەست

brancard

تێهنپیڤا کلینیکێ

thermometer

زایین

geboorte

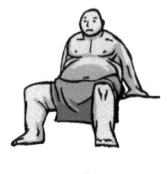

قەلەو

overgewicht

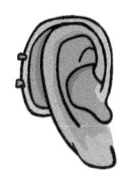

ئالیکاریا بهیستنێ

....

hoorapparaat

باکتەریکوژ

....

ontsmettingsmiddel

کۆتیبوون

....

infectie

ڤیرووس

....

virus

هڤ / ئادس

....

HIV / AIDS

دەرمان

....

medicijn

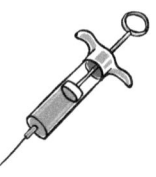

کوتان

....

vaccinatie

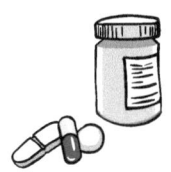

هەبان

....

tabletten

هەب

....

pil

لەزگین

....

noodoproep

دیمەندەرێ پەستێ خوین

....

bloeddrukmeter

نەخوەش / ساخ

....

ziek / gezond

ئاجیلییەت

noodgeval

هەوار!

Help!

ئالارم

alarm

ئێریش

overval

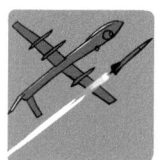

ئێریشكرن

aanval

تالووک

gevaar

دەركەتنا ئاجل

nooduitgang

ئاگر!

Brand!

ئاگر ڤەمراندنێ

brandblusser

قەزا

ongeval

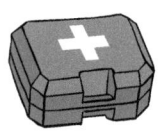

ئالەتێن ئالیكاریا یەكەم

EHBO-kit

سۆس

SOS

پۆلیس

politie

ئەرد

aarde

ئەورۆپا

....

Europa

ئامەریکایا باکوور

....

Noord-Amerika

ئامەریکایا باشوور

....

Zuid-Amerika

ئافریکا

....

Afrika

ئاسیا

....

Azië

ئاووسترالیا

....

Australië

ئاتلانتیک

....

Atlantische Oceaan

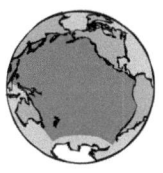

ئۆکیانووسا مەزن

....

Stille Oceaan

ئۆکیانووسا هندی

....

Indische Oceaan

ئۆکیانووسا ئانتارکتیکا

....

Antarctische Oceaan

ئۆکیانووسا ئارکتیک

....

Arctische Oceaan

جەمسەرا باکوور

....

Noordpool

جەمسەرا باشوور

....

Zuidpool

ئانتارکتیکا

....

Antarctica

ئەرد

....

aarde

ئاخ

....

land

بەهر

....

zee

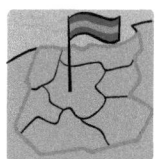

دوورگە

....

eiland

مڵلەت

....

natie

وەلات

....

staat

78 ئەرد - aarde

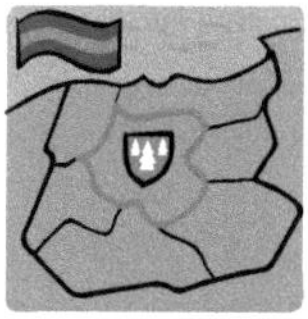

ساعەت

klok

روویێ ساعەت

....

wijzerplaat

نشاندەرکا دەمژمێر

....

uurwijzer

نشاندەرکا دەقە

....

minuutwijzer

نشاندەرکا سانیە

....

secondewijzer

سێت چەندە؟

....

Hoe laat is het?

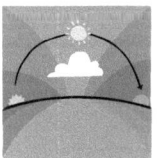

رۆژ

....

dag

دەم

....

tijd

نها

....

nu

ساعەتێ دجیتال

....

digitale horloge

دەقە

....

minuut

سێت

....

uur

هەفتە

week

دووشەم
maandag
سێشەم
dinsdag
چارشەم
woensdag
پێنجشەم
donderdag
ینە/هەینی
vrijdag
شەمی
zaterdag
یەکشەم
zondag

دوه
gisteren

ئیرۆ
vandaag

سبەی
morgen

سبە
ochtend

نیڤرۆ
middag

ئێڤار
avond

رۆژێن کاری
werkdagen

داویا هەفتە
weekend

باران
regen
کەسکەسۆر
regenboog
با
wind
بەفر
sneeuw
lente
zomer
پاییز
herfst
زڤستان
winter

4.APRIL 11°
5.APRIL 4°
6.APRIL 13°
7.APRIL 8°
8.APRIL 10°

پێشبینیا هەوا
....
weervoorspelling

تەهنپیڤ
....
thermometer

تاڤ
....
zonneschijn

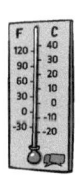

هەور
....
wolk

مژ
....
mist

هێمی
....
vochtigheid

برق

bliksem

برووسک

donder

تۆفان

storm

تەرگ

hagel

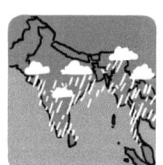

مانسوون

moesson

لەهی

overstroming

جەمەد

ijs

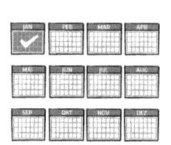

ڕێبەندان

januari

ڕەشەمە

februari

نەورۆز

maart

گولان

april

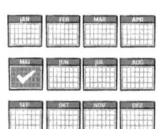

جۆزەردان

mei

پووشپەڕ

juni

گەلاوێژ

juli

خەرمانان

augustus

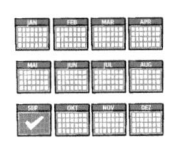

رەزبەر
....
september

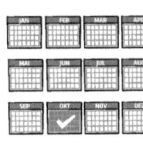

کەوچێر
....
oktober

سەرماوەز
....
november

بەفرانبار
....
december

شێوە

vormen

چەمبەر
....
cirkel

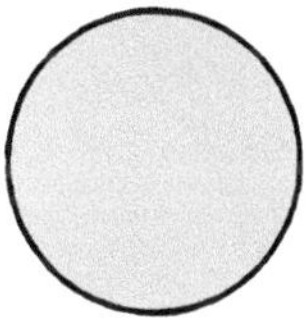

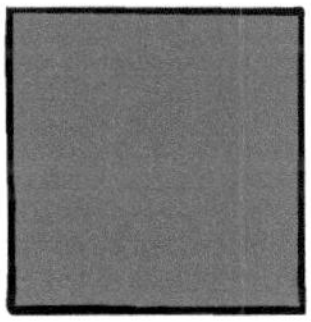

چارچک
....
kwadraat

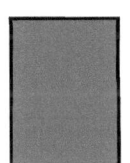

چارقۆزی
....
rechthoek

سێقۆزی
....
driehoek

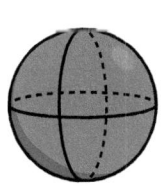

قادا
....
bol

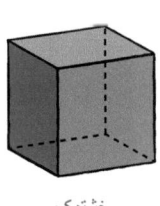

خشتەک
....
kubus

رەنگان

kleuren

سپی
....
wit

زەر
....
geel

پرتەقالی
....
oranje

پەمبە
....
roze

سۆر
....
rood

مۆر
....
paars

شین
....
blauw

کەسک
....
groen

قەهوەیی
....
bruin

گەور
....
grijs

رەش
....
zwart

بەرامبەران

tegengestelden

زۆر / کێم

....

veel / weinig

ب هێرس / بێدەنگ

....

boos / kalm

بەدەو / نەرند

....

mooi / lelijk

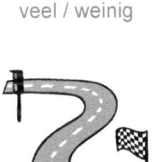

دەستپێک / داوی

....

begin / einde

مەزن / بچووک

....

groot / klein

رۆنی / تاری

....

licht / donker

براک / خوشک

....

broer / zus

پاگژ / گرێژ

....

proper / vuil

تەڤی / نەتەمام

....

volledig / onvolledig

رۆژ / شەڤ

....

dag / nacht

مری / زندی

....

dood / levend

فره / تەنگ

....

breed / smal

خوەش / نەخوەش

....

eetbaar / oneetbaar

نەباش / باش

....

kwaadaardig / vriendelijk

ب هەیەجان / ئاجز

....

opgewonden / verveeld

قەلەو / زراف

....

dik / dun

یەکەمین / داوین

....

eerst / laatst

هەڤال / دژمن

....

vriend / vijand

تژی / ڤالا

....

vol / leeg

رەق / نەرم

....

hard / zacht

گران / سڤک

....

zwaar / licht

برچی / تینی

....

honger / dorst

نەخوەش / ساخ

....

ziek / gezond

نەقانوونی / قانوونی

....

illegaal / legaal

رەوشەنبیر / بالوولە

....

intelligent / dom

چەپ / راست

....

links / rechts

نێزی / دوور

....

dichtbij / veraf

نوو / بکارهاتی

....

nieuw / gebruikt

هیچ / تشتەک

....

niets / iets

کاڵ / جوان

....

oud / jong

ل / ژ

....

aan / uit

ڤەکری / گرتی

....

open / dicht

ئارام / دەنگبلند

....

stil / luid

دەولەمەند / رەبەن

....

rijk / arm

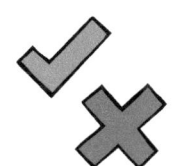

راست / شاش

....

juist / fout

دڕ / هلوو

....

ruw / glad

خەمگین / شا

....

droevig / blij

کورت / درێژ

....

kort / lang

هێدی / زوو

....

traag / snel

شل / زوا

....

nat / droog

گەرم / هێنک

....

warm / koud

شەڕ / ئاشتی

....

oorlog / vrede

هەژماران

cijfers

0

سفر

nul

1

یەک

één

2

دوو

twee

3

سێ

drie

4

چار

vier

5

پێنج

vijf

6

شەش

zes

7

هەفت

zeven

8

هەشت

acht

9

نەه

negen

10

دەه

tien

11

یازدە

elf

12

دازده

....

twaalf

13

سێزده

....

dertien

14

چارده

....

veertien

15

پازده

....

vijftien

16

شازده

....

zestien

17

حەفده

....

zeventien

18

هەژده

....

achtien

19

نۆزدەه

....

negentien

20

بیست

....

twintig

100

سەد

....

honderd

1.000

هەزار

....

duizend

1.000.000

ملیۆن

....

miljoen

زمانان
Talen

ئینگلیزی
....
Engels

ئنگلیزیا ئامەریکی
....
Amerikaans Engels

چینی ماندارین
....
Chinees (Mandarijn)

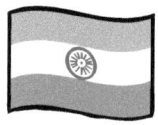

هیٚندی
....
Hindi

ئیسپانیۆلی
....
Spaans

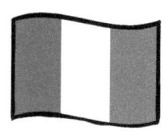

فرەنسی
....
Frans

ئەرەبی
....
Arabisch

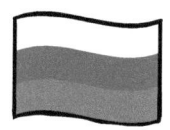

رووسی
....
Russisch

پۆرتوگالی
....
Portugees

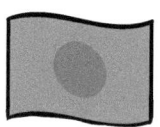

بەنگالی
....
Bengali

ئەلمانی
....
Duits

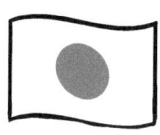

ژاپۆنی
....
Japans

کی / چ / چاوا

wie / wat / hoe

من

....

ik

تو

....

u

ئەو / ئەڤ / ئەو

....

hij / zij / het

ئەم

....

wij

تو

....

u

ئەو

....

ze

کی؟

....

wie?

چ؟

....

wat?

چاوا؟

....

hoe?

کیدەرێ؟

....

waar?

کەنگی؟

....

wanneer?

ناڤ

....

naam

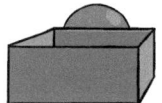

کوو

waar

پشتی
achter

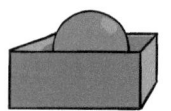

in

پێشی
voor

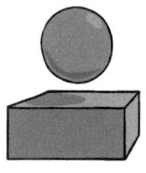

سەر
boven

سەر
op

بن
onder

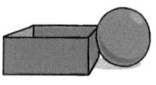

کێلەک
naast

ناڤبەر
tussen

جە
plaats